BEI GRIN MACHT SICH IHR WISSEN BEZAHLT

AF137330

- Wir veröffentlichen Ihre Hausarbeit,
  Bachelor- und Masterarbeit

- Ihr eigenes eBook und Buch -
  weltweit in allen wichtigen Shops

- Verdienen Sie an jedem Verkauf

Jetzt bei www.GRIN.com hochladen und kostenlos publizieren

Thomas Bode

Vorlesungsmitschrift zu Modellen und Paradigmen der Rehabilitationspädagogik

GRIN Verlag

Bibliografische Information der Deutschen Nationalbibliothek:

Die Deutsche Bibliothek verzeichnet diese Publikation in der Deutschen National-bibliografie; detaillierte bibliografische Daten sind im Internet über http://dnb.d-nb.de/ abrufbar.

Impressum:

Copyright © 2015 GRIN Verlag GmbH
Druck und Bindung: Books on Demand GmbH, Norderstedt Germany
ISBN: 978-3-656-89022-5

Dieses Buch bei GRIN:

http://www.grin.com/de/e-book/288676/vorlesungsmitschrift-zu-modellen-und-paradigmen-der-rehabilitationspaedagogik

GRIN - Your knowledge has value

Der GRIN Verlag publiziert seit 1998 wissenschaftliche Arbeiten von Studenten, Hochschullehrern und anderen Akademikern als eBook und gedrucktes Buch. Die Verlagswebsite www.grin.com ist die ideale Plattform zur Veröffentlichung von Hausarbeiten, Abschlussarbeiten, wissenschaftlichen Aufsätzen, Dissertationen und Fachbüchern.

Besuchen Sie uns im Internet:

http://www.grin.com/

http://www.facebook.com/grincom

http://www.twitter.com/grin_com

Portfolio

zur Vorlesung

Modelle und Paradigmen der Rehabilitationspädagogik

Humboldt Universität Berlin

Thomas Bode B.A.

Inhaltsverzeichnis

1. Fragestellungen zur Vorlesung

1.1 Definitionen von Behinderungen, deren Reichweite und Grenzen am Beispiel ICF

Eine einheitliche Definition der Behinderung ist in der Literatur nicht vorhanden. Konzepte und Begrifflichkeiten der unterschiedlichen wissenschaftlichen Disziplinen unterscheiden sich stark voneinander. Unterschiedliche Zielsetzungen der benötigten Konzepte der Behinderung führen somit zu einer großen Variation der Begriffe und ihrer Bedeutung.

Die Klassifikation ICF, als eine mögliche Definition der Behinderung nach WHO, orientiert sich an dem Konzept der Funktionalen Gesundheit. Der Mensch wird als bio-psycho-soziales Wesen gesehen. Dementsprechend stellt das Konzept ein komplexes Wechselwirkungsmodell dar. Sechs zentrale Elemente und ihrem Zusammenwirken dienen hierfür als Grundlage (WHO, 2010).

- Selbstbestimmte und gleichberechtigte Teilhabe und Teilnahme einer Person an Gesellschaft und Umwelt (Partizipation)
- Individuelle und kompetente Handlungen eines Menschen (Aktivitäten), die zur Teilhabe und Teilnahme notwendig sind
- Körper einer Person (Körperstrukturen, Körperfunktionen)
- Persönlichkeit (personbezogene Faktoren)
- Alle externen Gegebenheiten (Umweltfaktoren)
- Mögliche Gesundheitsprobleme

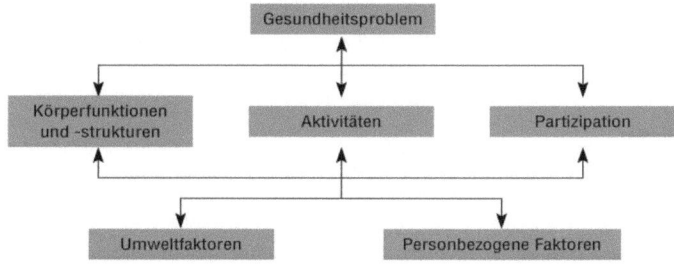

Quelle: WHO 2001

Die Vorteile dieser Definition liegt aus Sicht des Verfassers in der größeren Reichweite gegenüber anderen Konzepten. Ausgangspunkt ist bei der ICF eine Rechte-Perspektive für Menschen mit Behinderung. Professionsgrenzen werden überwunden und somit eine interdisziplinäre Verständigung ermöglicht. Durch die Abbildung der Wechselwirkungen unterschiedlichster Einflussfaktoren und die Integration aller (derzeitig bekannter) maßgeblicher Einflussfaktoren auf ei Behinderung ermöglicht dieses Konzept eine Operationalisierung und internationale Vergleichbarkeit (Kulig,Theunissen & Wüllenweber, 2006).

Positiv am Konzept der WHO ist hervorzuheben, dass der zentrale Ansatzpunkt das Partizipationskonzept darstellt. Geschuldet ist diese Fokussierung der Tatsache, dass das Behinderungsproblem in Deutschland und anderen Ländern mit einem hoch entwickelten Gesundheitssystem sowie hohen Hygiene- und Ernährungsstandards in erster Linie ein soziales Exklusionsproblem darstellt. (Schuntermann, 1999). Damit wird nachhaltig anerkannt, dass die erschwerte Partizipation am Leben der Gesellschaft die eigentliche Behinderung (Metzler & Wacker, 2001) darstellt und zum zentralen Ansatzpunkt der rehabilitativen Hilfen werden muss.

Bei kritischer Betrachtung der ICF liegen seine Grenzen in der teilweise unklaren Beschreibung der Situation eines Menschen mit Behinderung. Einschränkungen oder Problemen, die aus dem Gesundheitsproblem und seinen Wechselwirkungen mit den Kontextfaktoren herausgeht, werden nicht genauer definiert. In Deutschland ist der Behinderungsbegriff des ICF der Definition des SGB XI nachgestellt. Im SGB XI jedoch werden Umweltfaktoren nicht berücksichtigt. Dadurch wird die große Potenz der ICF, die Bedeutung von Umweltfaktoren und sozialen Beziehungen auf den Behinderungsbegriff, eingeschränkt (Meyer, 2004).

In der praktischen Umsetzung fällt auf, dass Tätigkeiten und Formen der Partizipation nur teilweise in Codes zur funktionalen Diagnostik übersetzt sind, die für die Praxis der Behindertenhilfe nur wenig Relevanz haben. Die Zuordnung der verschiedenen Codierungen zu den unterschiedlichen Themenbereichen ist nicht überall nachvollziehbar. Viele der bisher erarbeiteten Codes liefern zu wenig genaue Informationen oder sind zu eng formuliert, was die Codierung erschwert oder zum Teil auch verhindert (Meyer, 2004).

Abschließend lässt sich die ICF als ein Klassifizierungsinstrument beschreiben, dass dazu dient regionale, nationale und international vergleichbare Daten zu Phänomenen Funktionsfähigkeit, Behinderung und Gesundheit zu liefern. Es eignet sich vor allen, um differenzierte Körperstrukturen und -funktionen zu erfassen, gibt aber kaum Möglichkeiten als Prozessgestaltungssystem eingesetzt zu werden. Als Gestaltungsgrundlage zur Entwicklungs-und Förderplanung im Focus der personenbezogenen Faktoren bedarf es aus Sicht des Verfassers noch weiterer Überarbeitungen.

1.2 Bildungsoptimistische und ordnungsorientierte Wurzeln der Aufklärung und deren Auswirkungen auf die entstehende Heilpädagogik

Bis zum 18. Jahrhundert war befand sich die Gesellschaft in der (Vor)Aufklärung. In dieser Zeit herrschte ein stark religiös geprägtes Bildungsverständnis. August Herman Francke beschrieb den Hauptzweck der Erziehung als die Beförderung der Ehre Gottes. Zu erreichen sei dies durch Gemütspflege, die sich auf Verstand und Willen des Kindes richten und vor allem den natürlichen Eigenwillen, das durch die Erbsünde gegebene Böse im Menschen, brechen müsse. (Schmid. 1997)

> *„...das Werk der Erziehung ... (geht) über alle Kräfte des natürlichen Menschen"*
> *... und muss deshalb „durch den Geist Gottes geführt wer den" (Francke. 1702)*

Im auslaufenden 17. Jahrhundert, war überwiegend eine Agrargesellschaft zu finden. In Deutschland lebten in der zweiten Hälfte des 18. Jahrhunderts vier Fünftel der Bevölkerung auf dem Land, der größte Teil in Armut. Verarmung breiter ländlicher und städtischer Unterschichten und zunehmende Versorgungskrisen infolge von Kriegen, Missernten, Bevölkerungswachstum, Geldentwertung machen diese Epoche zum zentralen gesellschaftspolitischen Problem der Zeit, am augenfälligsten in der Zunahme von Bettlern und Vaganten. (Harney & Krüger. 1997).

Mit beginnender wirtschaftlicher Entwicklung im 18. Jahrhundert wurde der Mensch dazu aufgerufen sich des eigenen Verstandes zu bedienen, um somit seine eigenen Lebensprobleme lösen zu können. Dieser Aufruf war der Beginn eines Aufklärungs- und damit verbundenen Demokratisierungsprozesses, der den Bürger mit Bildung zu gebildeteren und unabhängigeren Menschen zu machen. Hierdurch wurden gesellschaftliche Veränderungen vorangetrieben, die dazu dienten sich von Kirche und Adel abzugrenzen. Durch die Schaffung von gesellschaftlichen Plattformen, wie Beispielsweise Lesegesellschaften, Logen und Sozietäten, entstanden Beziehungsgeflechte wurde Bildung immer bedeutsamer.

Der wohl populärste seiner Zeit, Immanuel Kant antwortete auf die Frage, was Aufklärung für ihn sei mit den Worten „Aufklärung ist der Ausgang des Menschen aus seiner selbstverschuldeten Unmündigkeit" (Kant 1968), womit zugleich revolutionäre Gedanken in der Pädagogik assoziiert werden, denn die Erziehung liegt nun in der Hand des Menschen. (Höffe 2007).

Kant, Leibniz und Rousseau hatten sich zur Aufgabe gestellt den Menschen zu sittlichen Wesen zu machen, die ihre Gesellschaft mitgestalten sollten. Bildung wurde als Recht allen zugänglich sein und als Pflicht die Gesellschaft und sich selbst zu verbessern verstanden. Der Mensch sollte sich vom „Wilden" zum „Zivilisierten" entwickeln.

Es entstand eine neue Sichtweise des Menschenbildes, was auch als Perfektibilität bezeichnet wurde. Diese Aufgabe machte es notwendig zu untersuchen, was der Mensch von Natur aus ist und was ihn zu einem „normalen" Menschen macht.[1] Hier war es der Drang nach Einteilung , die erste Klassifizierungen der Menschen aufzeigte. Neben verschiedenen Rassen, wurden auch Behinderungen als Merkmal zur Abgrenzung von normalen Menschen herangezogen. Hier waren es Kataloge von Abartigkeiten, die verschiedene Behinderungen darstellten.

Im damaligen Verständnis war die Pädagogik nur den „Normalen" vorbehalten. Allerdings entwickelte sich parallel der Anspruch durch Behinderung benachteiligte Menschen zu bilden und zu erziehen. Durch experimentelle Forschung (Vgl. 1.3) an behinderten Bürgern wurde ein Grundstein für die heutige Heilpädagogik gelegt.

Abschließend kann festgestellt werden, dass sowohl der Beginn der Aufklärung als auch das Bedürfnis nach Ordnung der Menschen die Wurzeln der heutigen Heilpädagogik darstellen.

---

[1] Vgl. Perfektion und Perfektibilität 4. Internationale Tagung des Zentralinstituts »Anthropologie der Religion(en)« vom 29. September bis 1. Oktober 2014 an der Friedrich-Alexander-Universität Erlangen-Nürnberg

1.3 Grundlagen des Sensualismus und Vorgehensweisen am Beispiel Itard's der Wilde von Avignon

„Nihil est in intellectu, quod non antea fuerit in sensu" (John Lockes)

Diese These stellt die Grundannahme des Sensualismus, als eine besondere Form des Empirismus dar. Als eine erkenntnistheoretische Richtung der Philosophie werden alle Erkenntnisse auf Sinneswahrnehmungen und letztendlich auf die Empfindung physiologischer Reize zurückgeführt. Somit wird die Frage nach dem Anfang der Erkenntnis mit ausschließlich sinnlichen Reizen ohne begriffliche Hilfsmittel verabsolutiert (Brockhaus. 1993).

John Locke, als Begründer des theoretischen Sensualismus untersuchte in seinen Werken eine Vielzahl pragmatischer Argumente zur Ablehnung eingeborener Ideen, und später mit dem Zusammenhang der Ideen mit der Erfahrung. Er sah das menschliche Bewusstsein bei der Geburt als ein weißes Blatt Papier, auf das die Erfahrung erst schreibt. Ausgangspunkt der Erkenntnis ist die sinnliche Wahrnehmung. Seine finalen Werke unterschieden äußere Wahrnehmungen (sensations) und innerer Wahrnehmungen (reflections) und die Untersuchung der Rolle der Sprache, ihres Zusammenhangs mit den Ideen und ihre Bedeutung für das Wissen (Academic. 2014).

Ausgangspunkt war für den Film der „Wilde von Aveyron". Ein wilder Junge, der im Wald aufgefunden wurde, der vermutlich aufgrund seiner Behinderung von den Eltern in den Wald verschleppt und ausgesetzt wurde. Aufgrund einer Verletzung am Hals wird davon ausgegangen, dass die Eltern versucht haben ihn zu töten. Gefangen durch Dorfbewohner verbringt der Junge seine Zeit in verschiedenen Einrichtungen, wird untersucht und für Schwachsinnig gehalten und schließlich zu Doktor Itard überstellt. Jean Marc Gaspard Itard war ein französischer Arzt und Taubstummenlehrer, dessen Berichte über den „Wilden von Aveyron" zu den klassische Texten in der heutigen Lernbehindertenpädagogik und den Erziehungswissenschaften zählen. Itard, orientiert am Sensualismus, erforschte an dem Jungen die Fragestellung, ob eine Erziehung und eine Zivilisation möglich ist.

In dem Film erscheint Itard als Pygmalion, der versucht den Victors[2] Entwicklung nach dem Beispiel des Philosophen und Vertreters des Sensualismus Condillac zu formen und die einzelnen Sinne nacheinander zu erwecken. Beginnend mit dem niedrigsten dem Geruchsinn bis hin zum höchsten, dem Tastsinn, welcher zuerst die Vorstellung

---

[2] Der Junge reagiert nicht auf Ansprache, zeigt jedoch bei Worten, die den Laut „o" enthalten, eine gewisse Regung, daraufhin wurde er Victor genannt.

einer Außenwelt hervorruft und die übrigen Sinne über sie urteilen lehrt. (Vorländer.
1903)

Anfänglich war Victor wenig sozialisiert, er biss, kratzte und erschien gleichgültig gegenüber seiner Umwelt. Victor lernt nach anfänglichem Widerwillen nach und nach
einige einfache Handlungen, beispielsweise seine Suppe mit dem Löffel zu essen, den
Tisch zu decken und sich eigenständig anzuziehen, letzteres erstmalig ohne Beein-
flussung von Außen.
Der Versuch Dr. Itard´s Victor spielerisch an Gegenstände und an die Sprache heran-
zuführen verlaufen anfänglich sehr erfolgreich. Spiele, die mit Nahrungsaufnahme zu
tun haben, lernt der Junge schneller, handelt es sich um andere Gegenstände, dann
sträubt er sich und wirkt lust- und teilnahmslos.
Itard verwendet Konditionierungsmethode (Belohnung mit Essen und Trinken)n um die
Lernfortschritte zu beschleunigen.
Es wird deutlich, dass Victor einen ausgesprochenen Ordnungssinn besitzt. Dinge, die
anderswo liegen als am Tag zuvor, legt er wieder an ihren ursprünglichen Platz zurück.
Er lernt Gegenstände, wie Hammer, Buch oder Kamm ihren abstrakten Bildern zuzu-
ordnen, doch er ist nicht dazu in der Lage, die Gegenstände den geschriebenen Begrif-
fen zuzuweisen. Die Fortschritte sind spärlich..
Versuche, durch Spracherwerb ihm Wissen und Fertigkeiten zu vermitteln blieben bis
zum Schluss erfolglos, Victor lernt nicht zu sprechen.
Ebenso bleiben Victors kognitive Fähigkeiten und seine Abstraktionsfähigkeit auf einem geringen Niveau. Wohl aber seine, zwar im geringen Ausmaß ausgebildeten
Emotionen, seine Einfühlsamkeit und das Gefühl für Gerechtigkeit wurden durch Expe-
rimente nachgewiesen. Aus heutiger, therapeutischer Sichtweise würde man Victor als
Kind mit Autismus-Spektrum-Störung bezeichnen.

1.4 Einfluss der gesellschaftlichen Bedingungen auf die Transformation von Bildungseinrichtungen zu Verwahreinrichtungen im 19. Jahrhundert

Die scheidende Epoche der Aufklärung und schnell voranschreitende Industrialisierung, welche schließlich die Institution der Anstalt hervorbrachte, hatte vielleicht mit den Personen, denen Verrücktheit oder Geistesschwäche zugeschrieben wurde, ihre besonderen Probleme. Widersprachen diese Menschen doch in besonderem Ausmaß dem neuen Menschenbild des vernunft- und verstandesgeleiteten Subjekts (Meyer. 1983).

Der enge Zusammenhang zwischen Industrialisierung und der Veränderung der Arbeitswelt begünstigte die Entstehung des Anstaltswesens. Daneben führten ökonomische, karitativ-religiöse und ordnungspolitische Aspekte in Ihrer Gesamtheit zu einem wachsenden Netz von Anstalten zur Verwahrung und Pflege von Menschen mit geistiger Behinderung und psychischen Krankheiten im 19. Jahrhundert (Rohrmann. 2007). Insbesondere für die Gruppen der „Irren" und „Idioten" wird die Anstalt als neue Lebensform neben der Familie erschaffen. Die Industriegesellschaft „entledigte" sich nun der Menschen, die in den Produktionsprozess nicht mehr integrierbar sind. Bei Betrachtung der historischen Situation lässt sich aber auch erkennen, dass die Anstalten zum Zeitpunkt ihres Entstehens oft den Versuch darstellten, einfachste Elemente einer Grundversorgung für die betroffenen Personengruppen bereitzustellen. Ein Beispiel für eine Anstalt waren die Bodelschwinghschen Anstalten in Bethel bei Bielefeld. Die Innere Mission kaufte mit der Unterstützung Bielefelder Kaufleute einen Bauernhof in der Gemeinde Gadderbaum-Sandhagen (Amt Brackwede) bei Bielefeld, um dort eine „Anstalt für Epileptische" zu gründen. Diese Einrichtung namens „Ebenezer" ist die Keimzelle der v. Bodelschwinghschen Anstalten Bethel. Die Anstalt mit dem Ziel gegründet, Anfallskranken, welche durch die Industrialisierung an den Rand der Gesellschaft gedrückt wurden eine neue Heimat zu geben. In einem Zeitraum von wenigen Jahren bot die Anstalt für viele Personenkreise die schlichte Möglichkeit eines menschenwürdigen Überlebens: Epilepsiekranke, geistig körperlich und seelisch behinderte Menschen, Wanderarbeiter und ihre Familien, Nichtsesshafte und Suchtkranke wurden dort aufgenommen und fanden damit einen Ort zum Leben, ein Slogan, der für das Selbstverständnis dieser Institutionen bis in die heutige Zeit Verwendung findet (Bethel. 2014).

1.5   Gesellschaftlichen Funktionen der Hilfsschule

Im Zuge der Industrialisierung und der sich daraus ergebenden Notwendigkeit normativer Ordnungen, trat die Frage von Bildung immer stärker in den Focus der Gesellschaft. Die Gründung von Volksschulen verfolgte im Sinne der Demokratisierung den Ansatz Bildung für alle zu realisieren. Im Grundsatz diente die Volksschule primär nicht als Selektionsschule, übernahm allerdings auch keine Verantwortung für die „Aussätzigen" der Gesellschaft.

Die Zeit von 1864 bis zur Jahrhundertwende lässt sich als die Gründungszeit der ersten Hilfsschulen bezeichnen. Der Taubstummenlehrer Stötzner (1832-1910) verfasste 1864 eine Resolution, wonach in allen größeren Städten Schulen für Schwachbefähigte Kinder gegründet werden sollten, damit diese durch geeignete Persönlichkeiten und entsprechenden Unterricht zu brauchbaren Menschen herangebildet würden, und nicht der Gemeinde zur Last fielen. Stötzner kann heute als einer der Begründer der Hilfsschule angesehen werden. Die vermeintlichen Aufgaben der Hilfsschule waren die Entlastung der teilweise überfüllten Volksschulen und die „Herstellung" wirtschaftlicher Brauchbarkeit der Menschen. Ihre primäre Funktion bestand aber in der Absonderung der Schwachen. Hilfsschulen stellten somit ein Aussonderungsinstrument dar, das inhaltlich vor allem durch die im Vergleich zur Volksschule verschärfte Bildungsverweigerung charakterisiert werden konnte (Solarová. 1983).
Es entwickelte sich zunehmend eine selbständige Schulform. Viele Hilfsschullehrer sahen in der neuen Profession eine Chance auf bessere Bezahlung durch attraktive Zulagen und einfachere Arbeitsbedingungen aufgrund der kleineren Klassen. Zudem erhofften sie sich höheres Ansehen durch den Anspruch des Spezialistentums (Ellger-Rüttgardt. 2008).

Anschließend lässt sich feststellen, dass die Hilfsschulpädagogik eher als Erziehungsschule anzusehen war, die keiner neuen Methodik/ Didaktik folgte, und kein integrativer Teil des Schulwesens war. Ausdifferenzierung und Kategorisierung im Sinne der Begabung standen im Vordergrund.
Es wird deutlich, dass bei der Hilfsschule die soziale Funktion, weniger der Bildungsauftrag, im Vordergrund stand. Durch die Selektion „nach unten" kann ein Zusammenhang mit der Euthanasie konstruiert werden (Vgl. Kapitel 1.6).

1.6 Einfluss der Anstaltsentwicklungen Ende des 19. Jahrhunderts auf das Euthanasieprogramm im Nationalsozialismus

Die im 18. und 19. Jahrhundert etablierte experimentelle Heilpädagogik entwickelte sich im ausgehenden 19. und beginnenden 20. Jahrhundert zu einer klassifizierenden und differenzierenden Pädagogik (vgl. Kapitel 1.5).

Unter Einsatz von Personalbögen führten Hilfsschullehrer eine Selektion durch. Die Bögen, welche durch einen Arzt gestellte Diagnosen enthielten, dienten einerseits zur Feststellung des Schwachsinns und vermittelten andererseits durch die pathologische Herangehensweise den Anschein einer wissenschaftlichen Grundlage. Subjektive Kriterien, wie Nervosität, Erregbarkeit, Unruhe wurden zur Beurteilung der „Bildsamkeit" herangezogen (Hänsel. 2006).

Besonders auffällig erscheint aber die Tatsache, dass soziale Kriterien zur Diagnose „Schwachsinn" herangezogen wurden. Hilfsschullehrer argumentieren im Sinne erbbiologischer Überzeugungen und machten die mangelnde geistige Veranlagung für das soziales Elend verantwortlich (Ellger-Rüttgardt. 2008).

Die durch die Hilfsschulen zur Diagnose verwendeten Personalbögen erwiesen sich später für die Nationalsozialisten als ein nützliches Instrument bei der Implementierung des Erbgesundheitsgesetzes. Durch die gesetzliche Verpflichtung in die Bögen bei der Aufnahme Erkrankungen einzutragen und an das Gesundheitsamtes weiterzureichen, war gesichert, dass alle "Erbkrankheiten" von Hilfsschulkindern schon bei Beginn der Schulzeit erkannt und weitere Maßnahmen der Sterilisation durchgeführt werden konnten (Hänsel. 2006).

Es erscheint als logischer Schluss, dass im 20. Jahrhundert in den meisten gesellschaftlichen Schichten das eugenische Denken weit verbreitet und ein Ideal der modernen Gesellschaft war (Ellger-Rüttgardt. 2008). Hilfsschullehrer sahen sich in der Rolle der „Beschützer" des Allgemeingutes und rechtfertigten somit ihre Vorgehensweise der Auslese und Auswahl (Höck. 1979). "Das Kind selbst ist für unseren Staat ein Nichts ohne seine werthafte Beziehung zum Volksganzen. Was wir als Hilfsschullehrer treiben, sollen wir nicht in erster Linie dem bedürftigen Kinde zuliebe tun, sondern zu oberst im alles beherrschenden Interesse der Volksgesundheit [...]. Die Hilfsschule ist nicht für den Hilfsschüler sondern für die Volksschule, für das Volk da. Sie ist ein Sicherungsorgan des Volkes" (Hänsel 2006, S. 48).

Einflussnahme am Beispiel Alsterdorfer Anstalten

Die im Jahr 1850 April von Pastor Heinrich Matthias Sengelmann in der Nähe von Hamburg gegründete „Christliche Arbeitsschule" hatte anfänglich das Ziel geistig gesunde, aber sozial benachteiligte Kinder Kenntnisse und Fertigkeiten in Handwerk und Landwirtschaft zu vermitteln.

1863 nahm Sengelmann vier geistig behinderte Jungen und einen Hausvater auf. Aufgrund der wachsenden Notwendigkeit der Behindertenbetreuung, wurde diese Schwerpunkt der Alsterdorfer Anstalten. Die geistig behinderten Menschen wurden in Werkstätten sowie der eigenen Gärtnerei und Landwirtschaft beschäftigt. 1895 wurde der Heilpädagoge und Lehrer Johannes Paul Gerhardt, als Schulleiter beschäftigt. Gerhardt konzipierte den Unterricht mit Vorschule sowie Klassen für geistig und lernbehinderte Kinder und Angeboten der Erwachsenenbildung. 1899 lebten mehr als 600 geistig, körperlich und seelisch behinderte Menschen in den Anstalten (Alsterdorf. 2014).

Nach dem ersten Weltkrieg verlor die Pädagogik bei den Verantwortlichen an Priorität und es wurde der Fokus verstärkt auf Forschung und medizinische Behandlungs- und Heilmethoden gelegt. Dieser Zeitpunkt lässt sich als erster grundlegender Paradigmenwechsel der Behindertenhilfe benennen. Die immer stärker werdende Dominanz der Medizin zu Lasten der Pädagogik war deutlich festzustellen. Gegen Ende der 20er Jahre war jeder Ausbau der Versorgung mit ärztlichen Sichtweisen und medizinischen Heilungsgedanken eng gekoppelt (Alsterdorf. 2014).

Das sich Anfang des 20. Jahrhundert verbreitende sozialdarwinistische Denken fand mit den zunehmenden wirtschaftlichen und politischen Schwierigkeiten einen idealen Nährboden. Die Alsterdorfer Anstalten hatten neben dieser Problemstellung noch mit der sich durch die Industrialisierung ausbreitende Stadt Hamburg und dem Verlust der Distanz und den „Anfechtungen der Großstadt" zu kämpfen (Alsterdorf. 2014).

Anfang der 30er Jahre und dann zunehmend nach der Machtübernahme der Nationalsozialisten 1933 radikalisierte sich das Programm der Medizinisierung und differenzierten Fürsorge. Aus „Heilen und Verwahren" wurde "Heilen und Vernichten" (Wunder. 2011). Zentrales Thema der Anstalten war nun die Rassenhygiene und die erbbiologische Bestandsaufnahme, bei der die Anstaltsinsassen und ihre Familien in Stammbäumen mit vielerlei Kennzeichnungen für vermutete Erbkrankheiten erfasst, beurteilt und in die Erbgesundheitskartei eingetragen wurden.

Die neue, auch offen kommunizierte, Aufgabe was es, die Asylierung und Isolierung, um „das Erbkranke" aus dem Volk herauszuziehen, von der Fortpflanzung auszuschalten und damit in sich selbst auflösen zu lassen"

Die Anstalten Alsterdorf beteiligten sich aktiv am nationalsozialistischen Programm der Zwangssterilisation. Der damalige Leiter Kreyenberg wurde führender Gutachter für Zwangssterilisationen im norddeutschen Raum. 1936 führte seine Kategorie "moralischer Schwachsinn" zur Ausweitung der Sterilisationspraxis auf den Bereich unliebsamer, sozial unangepasster Menschen, insbesondere Frauen. Die Anstalt wurde zur Arena der Rassenhygiene und der negativen Zurschaustellung behinderter Menschen (Wunder 2011).

1.7 (In)direkte Beteiligung der Heilpädagogik an den Sterilisationsmaßnahmen und dem Euthanasieprogramm während der NS-Zeit

In Deutschland begann die Diskussion über die Zwangssterilisation im Jahr 1899 und wurde kontinuierlich fortgesetzt, bis 1924 der Entwurf eines Sterilisationsgesetzes durch den Zwickauer Betriebsarzt Gustav Boeters mit dem Titel „Die Verhütung unwerten Lebens durch operative Maßnahmen" (‚Lex Zwickau') dem Reichsjustizministerium zugeleitet wurde (Rudnick.1985).

Das Gesetz zur Verhütung erbkranken Nachwuchses (GzVeN) trat zum 1. Januar 1934 in Kraft. Hauptziel dieses Gesetzes war die sogenannten Rassenhygiene durch „Unfruchtbarmachung" vermeintlich „Erbkranker" und Alkoholiker. Als Erbkrankheiten wurden im Sinne des GzVeN definiert (Schmuhl. 1987):

- angeborener Schwachsinn
- Schizophrenie
- zirkuläres (manisch-depressives) Irresein (heute Bipolare Störung)
- erbliche Fallsucht (heute Epilepsie)
- erblicher Veitstanz (heute Chorea Huntington)
- erbliche Blindheit
- erbliche Taubheit
- schwere erbliche körperliche Missbildung

Mit dem Inkrafttreten des Reichsschulgesetztes Juli 1938 waren nun Hilfsschullehrer verpflichtet (gezwungen) Kinder im Sinne des GzVeN als bildungsunfähig zu erklären und somit die für die Zwangssterilisation und später für die Euthanasie eine „Auslese" vorzunehmen (Höck. 1979).

Kinder, die in zweijährigem Besuch der Hilfsschule auf keinem der für ihre Beurteilung besonders in Betracht kommenden Gebiete [...] wesentlich fortgeschritten sind, sollen als bildungsunfähig aus der Hilfsschule entfernt werden und auf öffentliche Fürsorge oder privater Betreuung überlassen werden" (Ellger-Rüttgardt. 2008, S. 256).

Abschließend stellt der Verfasser dieser Arbeit fest, dass viele Hilfsschullehrer in ihrem Streben nach Anerkennung und Autonomie im Schulsystem den Euthanasiegedanken als nützliche Selektionsmöglichkeit ihrer Schülerschaft ansahen. Die Angst um den Verlust ihres Standes in der Gesellschaft die Abstufung vom anerkannten Hilfsschullehrer hin zur Lehrperson für „Minderwertige" bietet einen Erklärungsansatz der (in)direkten Beteiligung an der Euthanasie.

„[S]o besteht kein Zweifel, dass [sie] ihre Existenzberechtigung einzig und allein durch ihre funktionale Bedeutung für das NS-System legitimierten, nicht jedoch – wie zur Zeit der Weimarer Republik – aufgrund eines Bildungsanspruches des einzelnen Kindes und Jugendlichen." (Ellger-Rüttgardt. 2008, S. 256).

1.8   Hürden und Hemmnisse der Inklusion in Deutschland

Fünf Jahre nach dem im Jahr 2009 in Kraft getretenen Übereinkommen der Vereinten Nationen über die Rechte von Menschen mit Behinderungen (UN- Behindertenrechtskonvention) ist Inklusion von behinderten Menschen in bildungspolitischen und gesellschaftlichen Diskussionen stärker im Fokus als jeher.

Die durch den Bildungsrat erschienene Empfehlung zur schulischen Integration von behinderten Schülern sollte die Fixierung auf das Sonderschulwesen und deren Auflösung vorangetrieben werden.

In den 1970 er Jahren war integrative Beschulung in vielen europäischen Ländern bereits Standard. In Westdeutschland waren erste Bemühungen um integrative Konzepte zu erkennen. Mit dem Projekt „ Gesamtschule" versuchte die SPD eine Schulform zu etablieren, die soziale Ungleichheit vermeiden und zugleich Bildungsreserven ausschöpfen sollte. (Herrlitz, Weiland & Winkel. 2003). Bei der politisch höchst umstrittenen Schulform wurde jedoch die Möglichkeit gleichzeitig eine Brücke zur Integration von Schülern mit Behinderung zu schlagen, versäumt. Der einsetzende demographische Wandel Mitte der 70er Jahre und der Rückgang der Schülerzahlen ließen Schulneugründungen ökonomisch nicht sinnvoll erscheinen und wurden nicht weiter verfolgt. (Dietze. 2013).

Finanzpolitische Aspekte tragen bis heute zu einer Hemmung der Inklusion bei. Finanzielle und personelle Ausstattung der ersten Jahre in den meist unter wissenschaftlicher Begleitung stehenden Projekten zum gemeinsamen Unterricht immer mehr zurückgefahren. Die anfängliche durchgehende Doppelbesetzung von Regel- und Förderschullehrer im GU[3] (Team-Teaching) wurde kostensparend durch ein Ambulanzlehrer-System ersetzt (Jacobs. 2011).

Als ein weiterer Verantwortlicher der Verlangsamung der Integration/Inklusion lässt sich die Wirkungsmacht der KMK ausmachen. Empfehlungen von 1972 ließen erkennen, dass Sonderschulen als vierte Säule der Bildung aufrechterhalten werden sollten. Die Fixierung und Verstetigung der bisherigen Struktur lassen eine verschlossene Haltung gegen langfristige innovative Integrationskonzepten erkennen.(Ebd.)

Bis heute ist das unterschiedliche Engagement, mit dem in den letzten Jahren die Kultusministerien der einzelnen Bundesländer und auch die staatlichen Schulämter sich der Etablierung der Inklusion gewidmet haben, hat zu einer sehr unterschiedlichen Entwicklung bei der Etablierung und Ausweitung der Inklusion geführt. (Statistisches Bundesamt. 11/2014).

---

[3] GU – Gemeinsamer Unterricht von Schülern mit und ohne Behinderung

In Thüringen beispielsweise erfolgte ab dem Schuljahr 2012/2013 die Einführung der Gemeinschaftsschule, der gemeinsame Unterricht von Kindern mit und ohne sonderpädagogischen Förderbedarf. Das Saarland hat zum Schuljahresbeginn 2013/2014 die inklusive Schule verbindlich eingeführt. Berlin hingegen hat noch kein Inklusionsgesetz. Hier will der Senat Berlin mit dem Gesamtkonzept „Inklusive Schule" die UN-Konvention über die Rechte von Menschen mit Behinderungen umsetzen. Zudem wurden im neuen Schulgesetz vom August 2012 der gemeinsame Unterricht von Kindern mit und ohne sonderpädagogischen Förderbedarf vorrangig normiert. Auch Brandenburg hat bisher noch keine konkrete gesetzlichen Regelungen zur Inklusion getroffen, mögliche Gesetzesänderungen sind erst für die nächste Legislaturperiode geplant (Ebd.).[4] In den letzten 30 Jahren wurden keinerlei nennenswerte Initiativen für den barrierefreien Umbau von alten Schulgebäuden bzw. für die barrierefreie Gestaltung von Neubauten aufgebracht, um mobilitätseingeschränkten SchülerInnen den Zugang zum Schulgebäude und die barrierefreie Nutzung der Innenräume zu ermöglichen (Jacobs. 2011). Dieses mangelnde Engagement der Länder und Gemeinden und der KMK lassen den Schluss zu, dass das Förderschulsystem damit geschützt und aufrecht erhalten werden soll.

Im Berufsschulwesen zeigt sich aus Sicht des Verfassers noch eine schlechtere Bilanz der Inklusion. Das Streben nach ständiger Steigerung des Bruttoinlandsproduktes und die Gewinnmaximierung sind Hauptantriebe der Wirtschafts- und Arbeitswelt und somit der Gesellschaft schlechthin. In der jährlich widerkehrenden Diskussion um nicht besetzte Ausbildungsplätze wird von den Unternehmen die mangelnde Qualifikation von potentiellen Bewerbern bemängelt. Es erscheint somit nur wenig verwunderlich, dass „nur" Eigenschaften, wie Leistungsfähigkeit, Jugendlichkeit, Durchhaltevermögen und letztendlich Gesundheit gefordert werden. Menschen mit Beeinträchtigungen/ Behinderungen gehören in der Regel nicht zu diesem Kreis, da sie die von der Unternehmen und indirekt von der Gesellschaft erwarteten Eigenschaften und präferierten „Werten der Makellosigkeit und Leistungsfähigkeit" nicht erfüllen können.

Hinter verschlossen Türen und mit Blick auf die nächste Jahresversammlung und die Präsentation einer positiven GuV[5] für die Gesellschafter und Aktionäre führt zu einem Ausleseverfahren „die Guten ins Töpfchen, die Schlechten ins Kröpfchen". Menschen weniger mit körperlichen aber mehr mit psychischen und anderen Beeinträchtigungen bleiben zwangsläufig auf der Strecke. Unternehmen zahlen bevorzugt die Ausgleichsabgabe und hemmen auch damit das Voranschreiten der Inklusion an den berufsbildenden Schulen.

---

[4] Stand Dezember 2014
[5] Gewinn- und Verlustrechnung, als Gewinnermittlungsinstrument des Jahresabschlusses

Abschließend kann festgestellt werden, dass vorsichtiger Optimismus in Bezug auf die weitere Entwicklung von Integration/Inklusion erlaubt ist. Praktische Integration/Inklusion erweist sich als wesentlich schwieriger als eine theoretische bloße Rhetorik. Mit ihr würde man der Forderung nach schulischer Integration nur einen fantastischen Schein von Realisierbarkeit geben (Opp. 1984).

Nur im solidarischem Zusammenschluss mit allen Akteuren und mit pädagogischem Engagement wird der Weg zur inklusiven Schulbildung" barrierefrei.

1.9 Gesellschaftlichen Veränderungen als Grundlage des Paradigmenwechsel im Behindertenbetreuungssystem

Die Historie der Behindertenbetreuung stützt Ihren Ursprung auf drei Säulen. Eine der ältesten und stabilsten Wurzeln stellen karitative Einrichtungen dar. Mit dem Ziel des Machterhalts übernahmen im Rahmen des Subsidiaritätsprinzips kirchliche Einrichtungen seelsorgerische Aufgaben. Wenig bis gar nicht professionalisiert übernahmen Wohlfahrtsverbände die außerschulische Versorgung behinderter Menschen in Suppenküchen, Waisenhäusern etc. Mit dem Eberfelder System entstand um 1850 ein erstes staatliches Konzept der Armenfürsorge. Ziel war es, die kommunale Armenverwaltung an die Bedingungen der entstehenden Industrialisierung anzupassen (Deimling. 2003). Ebenso trugen die Einführung der Bismarck'schen Arbeitergesetze erste soziale Züge. Das in der Sozialarbeit verortete Anstalts- und Heimwesen, mit wenig pädagogischem Hintergrund, bildet eine weitere Wurzel des Behindertenbetreuungssystems (Lube. 1984).

"Der Idiot ist der 'unbildbare Asoziale', automatenhaft, bestenfalls der Dressur zugänglich..." (Jantzen. 1982. 65f.). Diese Definition, zurückzuführen auf ein medizinisch psychiatrisches Denkmodell, führte zur Etablierung von Idiotenanstalten, später zu Heil- und Pflegeanstalten und begründet die dritte Wurzel des Behindertenbetreuungswesens.

Erst spät in den 70-er Jahren, begann die Aufarbeitung des faschistischen Umgangs mit Behinderung. Es formierten sich neue Denk- und Handlungsansätze zur Rehabilitation und Integration von Menschen mit Behinderungen. Die (Wieder)Entdeckung der Bildsamkeit rückte wieder stärker in den Fokus.
Der Bericht über die Lage der Psychiatrie in der Bundesrepublik Deutschland (Psychiatrie Enquête) von 1975 war richtungsweisend im Umdenken und hatte folgende Zielsetzungen (Bärmig. 2011):

- gemeindenahe vor stationärer Versorgung
- Kooperation und Koordination aller Versorgungsdienste
- bedarfsgerechte Versorgung aller psychisch Kranken
- Auf- und Ausbau ambulanter Dienste und psychiatrischer Abteilungen an Allgemeinkrankenhäusern
- Enthospitalisierung der Langzeitpatienten
- Gleichstellung psychisch Kranker mit somatisch Kranken

Aber auch gesellschaftliche Veränderungsprozesse führten bei politisch engagierten Mitgliedern von Selbsthilfegruppen und -vereinen zur Forderung von mehr Selbstbestimmung. Die Aktion Grundgesetz, Elterninitiativen und die Krüppelbewegung der 1970-er Jahre, die vielfach die Ausgrenzungen von Körperbehinderten thematisierten, sorgten maßgeblich dafür, dass die Anstaltsunterbringung zugunsten des Wohnens in der eigenen Wohnung und der ambulanten Versorgung abgelöst wurde. Sie sind unmittelbarer Vorläufer der in den 1980-er Jahren sich entwickelnden Stellvertretung für „geistig Behinderte", die insbesondere mit der Diskussion um deren Selbstbestimmung zahlreiche Gruppen hervorbrachte und die als wichtige Instanz in der aktuellen Teilhabediskussion angesehen werden können (Bärmig. 2011).

Seit einigen Jahren zeichnet sich somit ein Paradigmenwechsel ab: weg vom Fürsorgeprinzip hin zum so genannten Empowerment (Bestärkung) und weg von einem ausschließlich medizinischen Verständnis von Behinderung hin zu einer sozialen Definition (Schumann. 2011).
Erste große Meilensteine des Paradigmenwechsels sind neben der Grundgesetzänderung (AGG) das Inkrafttreten der UN Behindertenrechtskonvention.

Kritische Anmerkung des Verfassers

Es wird festgestellt, dass es in Deutschland immer noch eine hohe Zahl an Zwangsunterbringungen/Einweisungen auf einer gesetzlichen Grundlage gibt. Es existieren keine einheitlichen Gesetzesgrundlagen auf Bundesebene, hierfür haben die Bundesländer unterschiedliche Gesetzesgrundlagen.

> *„(1) Wer psychisch krank oder infolge Geistesschwäche oder Sucht psychisch gestört ist und dadurch in erheblichem Maß die öffentliche Sicherheit oder Ordnung gefährdet, kann gegen oder ohne seinen Willen in einem psychiatrischen Krankenhaus oder sonst in geeigneter Weise untergebracht werden. Unter den Voraussetzungen des Satzes 1 ist die Unterbringung insbesondere auch dann zulässig, wenn jemand sein Leben oder in erheblichem Maß seine Gesundheit gefährdet."[6]*

Hier basiert die Einstufung der Selbst und Fremdgefährdung aufgrund psychischer Krankheit aus meiner Sicht demnach auf Mutmaßungen.

---

[6] Unterbringungsgesetz Bayern: Gesetz über die Unterbringung psychisch Kranker und deren Betreuung (Unterbringungsgesetz-UnterbrG) in der Fassung der Bekanntmachung vom 5. April 1992

Literaturverzeichnis:

Academic (2014). *An Essay concerning Humane Understanding*. Zugriff am 03.12.2014 unter: http://de.academic.ru/dic.nsf/dewiki/72169.

Alterdorf-Eine bewegte Geschichte. Zugriff am 21.11.2014 unter: http://www.alsterdorf.de/ueber-uns/geschichte.html.

Bärmig, S. (2011). „*Wachsen – wie geht das?*" *Eine kritische Theorie des Qualitätsmanagements in der Behindertenhilfe* (Dissertation). Zugriff am 09.12.2014 unter: edoc.hu-berlin.de/dissertationen/baermig-sven-2012-04.../baermig.pdf.

Brockhaus Enzyklopädie in 24 Bänden: Bd. 20 SCI – SQ. (19., völlig neu bearbeitete Auflage). Mannheim: Brockhaus Verlag.

Deimling, G. (2003).*150 Jahre Elberfelder System. Ein Nachruf, in: Geschichte im Wuppertal 12* (2003), S. 46-57.

Dietze, T. (2013). Integration von Schülern mit sonderpädagogischem Förderbedarf in der Grundschule - zur Situation in den 16 Bundesländern. Zeitschrift für Grund schulforschung 6 (2013) 1, S. 34-44.

Ellger-Rüttgardt, S. (2008). *Geschichte der Sonderpädagogik*. Ernst Reinhard Verlag: München.

Enquete (1975) - Bericht über die Lage der Psychiatrie in der Bundesrepublik Deutsch land. Zugriff am 10.12.2014 unter: http://www.dgppn.de/schwerpunkte/versorgung/enquete.html.

Francke, A.H. (1702). *Kurzer und einfältiger Unterricht. Wie die Kinder zur wahren Gottseligkeit und christlichen Klugheit anzuführen sind*, In: Franke, A. H.: Päda gogische Schriften 1702, Paderborn 1957, S. 13 – 65.

Hänsel, D.(2006). *Die NS-Zeit als Gewinn für die Hilfsschullehrer*. Klinkhardt: Bad Heilbrunn.

Harney, K., Krüger, H.H. (Hrg.) (1997): *Einführung in die Geschichte von Erziehungs wissenschaft und der Erziehungswirklichkeit*. Leske + Budrich: Opladen.

Herrlitz, H.-G., Weiland, D, Winkel, J.. (2003). *Die Gesamtschule. Geschichte, interna tionale Vergleiche, pädagogische Konzepte und politische Perspektiven*. Juventa: Hamburg München.

Höck, M. (1979). *Die Hilfsschule im Dritten Reich*. Berlin.

Höffe, O. (2007): *Immanuel Kant*. 7. Auflage, Beck: München.

Jacobs, K. (2011). Der steinige Weg zur inklusiven Schulbildung?- Probleme, Hemm nisse, Chancen. Behindertenpädagogik (2011), 2, 126-141.

Jantzen, W.(1982). *Sozialgeschichte des Behindertenbetreuungswesens.* Oldenbourg Verlag: München.

Kulig, W., Theunissen, G., Wüllenweber, E. (2006). *Geistige Behinderung.* In: Wüllen weber, E., Theunissen, G., Mühl, H- (Hrsg.). Pädagogik bei geistigen Behinde rungen. Ein Handbuch für Studium und Praxis. Kohlhammer: Stuttgart.

Lee, J. (2010). *Inklusion - Eine kritische Auseinandersetzung mit dem Konzept von Andreas Hinz im Hinblick auf Bildung und Erziehung von Menschen mit Behin derungen, Schriften zur Pädagogik bei Geistiger Behinderung,* ATHENA-Verlag: Oberhausen.

Lube, B. (1984). *Mythos und Wirklichkeit des Elberfelder Systems,* in: Karl-Hermann Beeck (Hg.), Gründerzeit. Versuch einer Grenzbestimmung im Wuppertal (= Schriften des Vereins für Rheinische Kirchengeschichte, Bd. 80), Köln/Bonn, S. 158-184

Metzler, H.; Wacker, E. (2001). *Behinderung.* In: Otto, H.-U.; Thiersch, H. (Hrsg.): Handbuch Sozialarbeit Sozialpädagogik. 2. völlig überarb. Aufl., Luchterhand: Neuwied.

Meyer, A. (2004): *Kodieren mit der ICF: Klassifizieren oder Abklassifizieren?* Memmingen.

Meyer, H. (1983): *Geistigbehindertenpädagogik.* In: Solarová, S.(Hrsg.): Geschichte der Sonderpädagogik. Stuttgart: Kohlhammer.

Opp, G. (1984). *Mainstreaming. Versuche zu einer kritischen Reflexion der schuli schen Integration behinderter Kinder und Jugendlicher in der amerikanischen Schule.* Diss. Universität München, Fakultät für Psychologie und Pädagogik

Perfektion und Perfektibilität 4. Internationale Tagung des Zentralinstituts »Anthropo logie der Religion(en)« vom 29. September bis 1. Oktober 2014 an der Fried rich-Alexander-Universität Erlangen-Nürnberg. Zugriff am 05.01.2015 unter: www.zar.uni-erlangen.de/perfektibilitaet_call_for_paper.pdf

Rohrmann, A. (2007). *Offene Hilfen und Individualisierung: Perspektiven sozialstaatli cher Unterstützung für Menschen mit Behinderung.* Bad Heilbrunn: Klinkhardt.

Rudnick, M. (1985). *Behinderte im Nationalsozialismus,* Weinheim, Basel.

Schmid, P. (1997). *Pädagogik im Zeitalter der Aufklärung.* In: Harney/Krüger (Hrsg.): Einführung in die Geschichte der Erziehungswissenschaft und der Erziehungs wirklichkeit. Leske u. Budrich: Opladen S. 21.

Schmuhl, H.W. (1992). *Rassenhygiene, Nationalsozialismus, Euthanasie. Von der Verhütung zur Vernichtung 'lebensunwerten Lebens' 1890-1945,* 2. Aufla ge, V&R: Göttingen.

Schumann, M. (2011). *Verschieden und gleich! Als Leitprinzip für die Theorie und Pra xis sozialer Arbeit mit Menschen mit und ohne Beeinträchtigungen.* Zugriff am 09.12.2014 unter: http://bidok.uibk.ac.at/library/beh5-01-schumann-verschieden.html#idp364224.

Schuntermann, M. F. (2007). *Einführung in die ICF.* (2. Aufl.). Ecomed-Verlag: Ham burg.

Speck, O. (2010). *Schulische Inklusion aus heilpädagogischer Sicht -Rhetorik und Realität.* Ernst Reinhardt Verlag: München Basel.

Statistisches Bundesamt (2014). Wirtschaft und Statistik Oktober 2012. Zugriff am 03.12.2014 unter: https://www.destatis.de/DE/Publikationen/WirtschaftStatistik/WirtschaftStatistik_Mitteilung.html.

V.Bodelwinghsche Stiftung Bethel. Zugriff am 10.11.2014 unter: http://www.bethel.de/ueber-uns/geschichte-bethels.html.

Vorländer, K. (1903). *Die Geschichte der Philosophie.* Zugriff am 31.10 .2014 unter: http://www.textlog.de/6293.htmlfff.

Wocken, H. (2009). *Inklusion & Integration. Ein Versuch, die Integration vor der Abwertung und die Inklusion vor Träumereien zu bewahren.* Zugriff am 05.01.2015 unter www.hanswocken.de/aktuell.htm.

World Health Organisation (2010). *International Classification of Functioning, Disability and Health – ICF.* Geneva.

Wunder, M.(2011). *Paradigmenwechsel in der Behindertenhilfe am Beispiel Alsterdorfs - Modernisierungen gestern und heute.* Zugriff am 03.11 .2014 unter: http://www.beratungszentrum-alsterdorf.de/fachdiskussion/alsterdorfer-fachforum/.